바빠 초등

파닉스 리딩 ①

Phonics Reading

이지스에듀

지은이 | 이지은(지니쌤)

교과서를 만들어 온 교육 전문가이자 두 딸을 키우고 있는 엄마이다. 7차 07개정부터 15개정 교육과정까지 초·중·고등 학교 영어 교과서를 개발했으며, 천재교육에서 15년간 근무하며 각종 파닉스, 영어 독해, 문법 교재 등을 기획하고 편집했다. 또한 회원 수 13만 명의 네이버 카페 〈초등맘〉에서 영어 멘토로 활동했다. 현재 어린이영어연구회 소속이며, 유튜브 〈즐거운 초등영어〉 채널을 통해 다양한 콘텐츠를 제공하며 활발히 소통 중이다. 쓴 책으로 《초등맘이 꼭 알아야 할 국어 영어 독서법》과 《너, 영어 교과서 씹어 먹어 봤니?》가 있다.

- 인스타그램 @jinny_english

그린이 | 나미

홍익대 미대 대학원에서 시각디자인을 전공했다. 아이들이 좋아하는 귀엽고 깔끔한 캐릭터를 즐겨 그리며, 따뜻한 컬러로 밝은 느낌을 전달하려고 노력하는 작가이다.

감수 | Michael A. Putlack (마이클 A. 푸틀랙)

미국의 명문 대학인 Tufts University에서 역사학 석사 학위를 받은 뒤 우리나라의 동양미래대학에서 20년 넘게 한국 학생들을 가르쳤다. 폭넓은 교육 경험을 기반으로 《미국 교과서 읽는 리딩》 같은 어린이 영어 교재를 집필했을 뿐만 아니라 《영어동화 100편》시리즈, 《7살 첫 영어 - 파닉스》, 《바빠 초등 필수 영단어》 등의 영어 교재 감수에 참여해 오고 있다.

바빠 초등 파닉스 리딩 ①

초판 1쇄 발행 2023년 1월 10일
초판 3쇄 발행 2024년 3월 15일
지은이 이지은
발행인 이지연
펴낸곳 이지스퍼블리싱(주)
출판사 등록번호 제313-2010-123호
주소 서울시 마포구 잔다리로 109 이지스 빌딩 5층(우편번호 04003)
대표전화 02-325-1722　　　　　　　　　　팩스 02-326-1723
이지스퍼블리싱 홈페이지 www.easyspub.com　　이지스에듀 카페 www.easysedu.co.kr
바빠 아지트 블로그 blog.naver.com/easyspub　　인스타그램 @easys_edu
페이스북 www.facebook.com/easyspub2014　　이메일 service@easyspub.co.kr

편집장 조은미　기획 및 책임 편집 이지혜 | 정지연, 박지연, 김현주　문제 검수 이지은, 조유미
표지 및 내지 디자인 손한나　조판 최정원　인쇄 SJ프린팅　독자 지원 오경신, 박애림
영업 및 문의 이주동, 김요한(support@easyspub.co.kr)　마케팅 박정현, 한송이, 이나리

ISBN 979-11-6303-429-2
ISBN 979-11-6303-428-5(세트)
가격 13,000원

• **이지스에듀**는 이지스퍼블리싱(주)의 교육 브랜드입니다.

(이지스에듀는 학생들을 탈락시키지 않고 모두 목적지까지 데려가는 책을 만듭니다!)

재미있는 파닉스 동화로 시작하는 첫 영어 리딩!
《바빠 초등 파닉스 리딩》

⭐ 파닉스 단어를 리딩의 징검다리로 써먹는 효율적인 학습법!

아이들이 영어를 배울 때 흔히 파닉스를 공부한 다음 영어 리딩에 도전합니다.
하지만 파닉스 규칙만으로 단어나 문장을 단번에 읽어 내기는 어렵습니다.
그래서 파닉스에서 리딩으로 넘어가는 탄탄한 징검다리로 '파닉스 리딩'을 추천합니다. 재미있는 영어 동화를 읽으며 파닉스 단어를 저절로 습득하게 되고,
문장 읽기(리딩)에도 익숙해질 수 있으니까요!

⭐ 영어 동화 속 단어 반복, 문장 반복의 힘을 만날 수 있어요!

이 책의 목표는 파닉스를 공부한 아이들이 파닉스 단어의 규칙을 적용해 즐겁게 리딩을 시작하는 것입니다.
그래서 파닉스 단어의 규칙을 완벽하게 체득하도록 과학적으로 설계했습니다.
먼저 동화를 읽기 전 파닉스 단어를 듣고 따라 읽은 다음 동화 속 문장에서 파닉스 단어를 찾아보며, 문제 풀이에서는 단어를 직접 쓰고 듣는 활동을 합니다. 단어뿐 아니라 문장도 최대한 단순하게, 그리고 반복해서 사용했습니다. 단어와 문장 패턴이 반복되니 아이들은 영어 리딩에 자신감이 생깁니다!

⭐ 귀여운 삽화와 함께 흥미진진한 파닉스 동화 10편을 담았어요!

이 책은 상상의 재미를 더하는 귀여운 삽화와 함께 약 10문장으로 동화 한 편을 구성했습니다. 한 권에 10편씩, 1, 2권 총 20편의 흥미진진한 이야기를 통해 파닉스 단어와 사이트 워드를 자연스럽게 익힐 수 있습니다.
원어민이 생생하게 읽어 주는 동화를 듣고 따라 읽다 보면, 리딩의 즐거움도 느끼게 될 것입니다.

⭐ 읽기, 말하기, 듣기, 쓰기 4가지 영역 모두 골고루 학습할 수 있어요!

이 책은 15년간 영어 교과서를 개발한 저자가 초등 교과과정에서 다루는 파닉스 과정을 그대로 적용해 만들었습니다. 특히 이 책의 연습 문제에는 언어의 4가지 영역(읽기, 말하기, 듣기, 쓰기)을 골고루 발달시키도록 4가지 유형을 모두 다루었습니다.
정규 영어 수업이 시작되는 3학년까지 이 책을 꼭 경험해 보세요! 대부분의 문장이 초등 영어 교과서의 기본 문장으로 구성되어 있어, 학교 영어 수업 시간에 손을 번쩍 들 정도로 자신감이 생길 것입니다.

그럼 《바빠 초등 파닉스 리딩》 시리즈로 즐겁게 첫 리딩을 시작해 볼까요?

출발~

이야기를 상상하며 파닉스 단어를 익혀요!

동화를 읽기 전, 먼저 유닛의 제목과 삽화를 보고 이야기를 상상해 보세요. 혹시 삽화를 보고 떠오르는 영어 단어가 있으면 말해도 좋아요. 그다음 QR코드를 찍어 파닉스 단어를 듣고 하나씩 손으로 짚어 가며 따라 읽어 보세요.

> QR코드를 한 번만 찍으면 모든 음원을 들을 수 있어요.

> 핵심 단어인 파닉스 단어 6~8개를 익혀 보세요.

원어민의 정확한 발음을 들으며 동화를 읽어요!

먼저 '동화 전체 듣기' 음원을 들으며 손가락으로 단어를 짚으며 눈으로 따라 읽어 보세요. 그다음 '따라 읽기' 음원을 들으며 천천히 소리 내어 따라 읽어 보세요. 3번 정도 읽고 나면 읽기가 조금 더 자연스러워질 거예요.

> 파닉스 규칙에서 벗어나는 사이트 워드도 찾아보세요.

> 핵심 문장을 강세를 살려 유창하게 잘 읽을 수 있는지 확인해 보세요.

3 쓰기, 말하기, 듣기, 읽기 영역을 골고루 익혀요!

동화로 익힌 파닉스 단어와 문장을 연습 문제를 통해 잘 이해했는지 확인해 보세요. 연습 문제는 언어의 4가지 영역(쓰기, 말하기, 듣기, 읽기)이 고루 발달되도록 4가지 유형을 모두 수록했어요.

4 받아쓰기 연습으로 앞에서 배운 내용을 복습해요!

한 유닛이 끝날 때마다 교재의 맨 뒤에 있는 받아쓰기 연습으로 복습하세요. QR코드로 받아쓰기 음원을 듣고 핵심 파닉스 단어를 채우도록 구성되어 있어요. 정답을 확인한 후, 틀린 부분을 집중해서 다시 듣고 써 보며 완벽하게 복습하세요.

Contents

바빠 초등 파닉스 리딩 ① 알파벳 소릿값, 단모음

부모님과 선생님, 이렇게 지도해 주세요!

아이가 더듬더듬 느리게 읽는다고 조바심 내지 마세요.
이 단계에서는 빨리 읽는 것보다 스스로 정확하게 문장을 소리 내어 읽는 게
더 중요해요. 속도는 읽는 횟수를 반복하면 자연스럽게 빨라진답니다.

지금은 스스로 영어 문장을 읽을 수 있다는
자신감만 심어 주세요!

* 한 유닛이 동화 읽기(Let's Read)과 문제 풀기(Let's Practice)로 구성되어 있습니다.
* 1~2학년은 이틀에 한 유닛씩(첫날은 동화 읽기, 다음날은 문제 풀기), 3학년은 하루에 한 유닛씩 공부하세요!

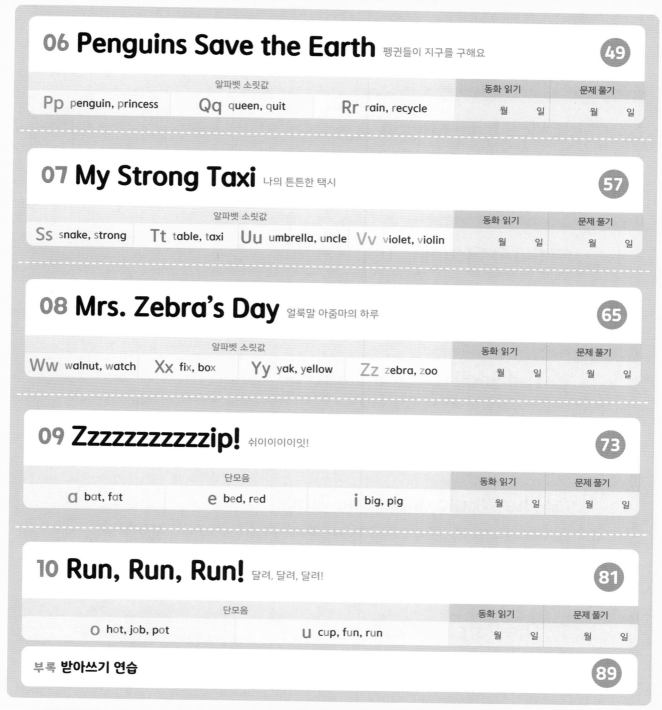

정답 및 해석 / Word Check

이 책으로 지도하는 선생님과 학부모님을 위해 한글 해석과 연습 문제의 정답을 담았습니다.
또 앞에서 배운 파닉스 단어와 사이트 워드 체크 리스트도 추가했습니다. 아이가 배운 단어를 읽을 수 있는지 체크한 다음, 잘 읽지 못하는 단어만 모아 복습시켜 주세요!

 Contents

바빠 초등 파닉스 리딩 ② 장모음, 연속자음, 이중자음, 이중모음, R 통제모음

1 권 알파벳 소릿값, 단모음

2 권 장모음, 연속자음, 이중자음, 이중모음, R 통제모음

 Sight Words

8

01. mp3

🎧 **Phonics Words** 파닉스 단어를 잘 듣고 따라 읽어 보세요. (a)(b)(c)

| alligator | apple | banana | bear | candy | cat |

파닉스 단어가 들어간 문장을 듣고 따라 읽어 보세요.

An **alligator** is in the pool.
The **alligator** eats an **apple**.

A **bear** is under the tree.
The **bear** eats a **banana**.

A cat is on the chair.
The cat eats a candy.

Swish!

The **alligator** is under the tree.
The **bear** is on the chair.
The **cat** is in the pool.

특히, ⚫ 부분에 힘을 줘서 소리 내면 저절로 강세가 생기고 유창하게 말할 수 있어요!

Read It Yourself

○ ●을 손으로 짚어 가며 스스로 읽어 보세요.

The alligator is under the tree.

The bear is on the chair.

Write & Match   빈칸에 단어를 쓰고, 첫소리가 같은 단어끼리 이어 보세요.

alligator	apple	banana	bear	candy	cat

a p p l e

1  An ⬚ is in the pool.

2  The bear eats a ⬚ .

3 A ⬚ is on the chair.

| alligator | apple | banana | bear | candy | cat |

Listen & Check 단어를 듣고 일치하는 곳에 √를 하세요.

01-1 문제 듣기

1
🔊
○  candy
○ cat

2
🔊
○ 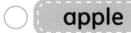 alligator
○ apple

3
🔊
○ 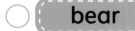 banana
○ bear

14

1 Swish!

2 The alligator is under the tree.

3 An alligator is in the pool.

1

Read & Check 그림을 보고, 알맞은 문장에 √를 하세요.

1

○ The alligator eats an apple.

○ The alligator eats a candy.

2

○ A bear is on the chair.

○ A bear is under the tree.

1 a    b

2 a    b

3 a    b

4 a    b

Unit 02
I Want to Be a Friend

02. mp3

🎧 **Phonics Words** 파닉스 단어를 잘 듣고 따라 읽어 보세요. d e f

doll **d**uck **e**lephant **e**lf fan frog

Unit 02 나는 친구가 되고 싶어 파닉스 단어 인형 | 오리 | 코끼리 | 요정 | 선풍기 | 개구리

The **elf** is not happy.
The **elf** wants friends.

The **elephant** needs an egg.
The **elf** can make it.

The **frog** needs a **fan**.
The **elf** can make it.

The **duck** needs a **doll**.
The **elf** can make it.

The **elephant**, **frog**, **duck**, and **elf** are happy now. They become friends.

특히, ⬤ 부분에 힘을 줘서 소리 내면 저절로 강세가 생기고 유창하게 말할 수 있어요!

Read It Yourself

○ ●을 손으로 짚어 가며 스스로 읽어 보세요.

The elephant needs an egg.

The frog needs a fan.

Let's Practice

빈칸에 단어를 쓰고, 첫소리가 같은 단어끼리 이어 보세요.

| doll | duck | elephant | elf | fan | frog |

그림을 보고, 알맞은 단어를 쓰고 읽어 보세요.

1

The _____ wants friends.

2

The duck needs a _____.

3

The _____ needs a fan.

| doll | duck | elephant | elf | fan | frog |

Listen & Check 단어를 듣고 일치하는 곳에 √를 하세요.

02-1 문제 듣기

1

2

3

○ elephant

○ elf

○ frog

○ fan

○ doll

○ duck

22

1 The elf is not happy.

2 The elf can make it.

3 The elephant needs an egg.

Read & Check 그림을 보고, 알맞은 문장에 √를 하세요.

1

○ The frog needs an egg.

○ The frog needs a fan.

2

○ They are happy now.

○ They are not happy now.

Listen & Choose
문장을 듣고 일치하는 그림을 고르세요.

1 ⓐ  ⓑ

2 ⓐ  ⓑ

3 ⓐ  ⓑ

4 ⓐ  ⓑ

Oops! Mr. Gorilla

03. mp3

🎧 **Phonics Words**   파닉스 단어를 잘 듣고 따라 읽어 보세요.   g h i

| **g**orilla | **g**rape | **h**am | **h**ungry | **i**guana | **i**nterview |

Mr. Gorilla has an interview today.
Now, he is very hungry.

The goat has grapes.
Mr. Gorilla likes grapes.

The **iguana** **has** hams.
Mr. Gorilla **likes** hams.

He is not hungry.
Now, he is very full.

The **interview** is ready.
Burrrrp!
Then, things happen.

특히, ⬤ 부분에 힘을 줘서
소리 내면 저절로 강세가 생기고
유창하게 말할 수 있어요!

Read It Yourself

○ ●을 손으로
짚어 가며 스스로
읽어 보세요.

He is very hungry.

Mr. Gorilla likes grapes.

Let's Practice

빈칸에 단어를 쓰고, 첫소리가 같은 단어끼리 이어 보세요.

gorilla	grape	ham	hungry	iguana	interview

1 Mr. Gorilla

Mr. Gorilla has an ⬚ today.

2

The goat has ⬚s.

3

The iguana has ⬚s.

gorilla   grape   ham   hungry   iguana   interview

03-1 문제 듣기

1
○ ham
○ hungry

2
○ gorilla
○ grape

3
○ iguana
○ interview

30

1 Mr. Gorilla likes hams.

2 Mr. Gorilla is very hungry.

3 Now, he is very full.

Read & Check 그림을 보고, 알맞은 문장에 ✓를 하세요.

1

○ Mr. Gorilla likes hams.

○ Mr. Gorilla likes grapes.

2

○ He is very hungry.

○ He is not hungry.

1 a  b

2 a  b

3 a  b

4 a  b

Unit 04

The King Likes Sweets

04. mp3

🎧 **Phonics Words**   파닉스 단어를 잘 듣고 따라 읽어 보세요.   j k l

jam	**j**uice	**k**ing	**k**iwi	**l**emon	**l**ollipop

The king lives in Sweet Kingdom.
The king likes sweets very much.

Kate has kiwi juice.
The king takes it away. She cries.

Lynn has lemon jam.
The king takes it away. She cries, too.

Jim has a lollipop.
The king takes it away. He cries, too.

The next day, the king sees the mirror.
Oh, my goodness!

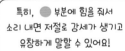

특히, ⬤ 부분에 힘을 줘서 소리 내면 저절로 강세가 생기고 유창하게 말할 수 있어요!

Read It Yourself

○●을 손으로 짚어 가며 스스로 읽어 보세요.

Kate has kiwi juice.

The king takes it away.

Write & Match
빈칸에 단어를 쓰고, 첫소리가 같은 단어끼리 이어 보세요.

jam	juice	king	kiwi	lemon	lollipop

1  Kate has kiwi  .

2 Lynn has ⬚ jam.

3 The ⬚ takes it away.

| jam | juice | king | kiwi | lemon | lollipop |

1

○ lemon
○ lollipop

2

○ jam
○ juice

3

○ king
○ kiwi

1 Jim has a lollipop.

2 The king takes it away.

3 He cries.

Read & Check 그림을 보고, 알맞은 문장에 √를 하세요.

1

○ Lynn has kiwi juice.

○ Lynn has lemon jam.

2

○ The king sees the mirror.

○ The king sees the fan.

39

Listen & Choose

문장을 듣고 일치하는 그림을 고르세요.

1 ⓐ  ⓑ

2 ⓐ  ⓑ

3 ⓐ  ⓑ

4 ⓐ  ⓑ

Unit 05 Mike's Special Night

🎧 **Phonics Words** 파닉스 단어를 잘 듣고 따라 읽어 보세요.   **m** **n** **o**

mom	**m**oon	**n**est	**n**ight	**o**ld	**o**range

파닉스 단어가 들어간 문장을 듣고 따라 읽어 보세요. ☐ ☐ ☐

At **night**, Mike can't sleep.
"**Mom**, I can't sleep." Mike says.

"Look at this odd **nest** and put something
in it." **Mom** says.

Mom puts an old orange into the nest.
The moon comes out.

Mom puts some milk into the nest.
The Milky Way comes out.

"Mom, I love you." Mike says.
Tonight is very special.

Read It Yourself

○●을 손으로
짚어 가며 스스로
읽어 보세요.

Mom puts an old orange into the nest.

Mom puts some milk into the nest.

Let's Practice

Write & Match 빈칸에 단어를 쓰고, 첫소리가 같은 단어끼리 이어 보세요.

mom	moon	nest	night	old	orange

45

1

At [   ], Mike can't sleep.

2

Mom puts an [   ] orange into

the nest.

3

The [   ] comes out.

| mom | moon | nest | night | old | orange |

05-1 문제 듣기

1

🔊))

○ nest

○ night

2

🔊))

○ old

○ orange

3

🔊))

○ mom

○ moon

1 The Milky Way comes out.

2 The moon comes out.

3 Tonight is very special.

1

○ At night, Mike can sleep.

○ At night, Mike can't sleep.

2

○ Mom puts some milk into the nest.

○ Mom puts an old orange into the nest.

05-2 문제 듣기

1
a
b

2
a
b

3
a
b

4
a
b

🎧 Phonics Words
파닉스 단어를 잘 듣고 따라 읽어 보세요.

| penguin | princess | queen | quit | rain | recycle |

Unit 06 펭귄들이 지구를 구해요   파닉스 단어 펭귄 | 공주 | 여왕 | 그만두다 | 비(가 오다) | 재활용하다

The **queen** said, "It is **raining** outside.
Our **penguin** kingdom is melting now."

The **queen** said, "Look! The Earth is sick!"
The **princess** said, "I'll save the Earth."

The princess said,
"No cars! We should quit riding in cars."

The princess said,
"No plastic! We should recycle things."

A few years later, everyone is happy.
Now, the **rain** stops.
They save the **penguins** and the Earth.

특히, ● 부분에 힘을 줘서
소리 내면 저절로 강세가 생기고
유창하게 말할 수 있어요!

Read It Yourself

○●을 손으로
짚어 가며 스스로
읽어 보세요.

We should quit riding in cars.
●   ○   ●   ○   ○   ●

We should recycle things.
●   ○   ●   ○

Let's Practice

Write & Match   빈칸에 단어를 쓰고, 첫소리가 같은 단어끼리 이어 보세요.

| penguin | princess | queen | quit | rain | recycle |

그림을 보고, 알맞은 단어를 쓰고 읽어 보세요.

1

It is [   ]ing outside.

2

We should [   ] riding in cars.

3

Our [   ] kingdom is melting now.

| penguin | princess | queen | quit | rain | recycle |

단어를 듣고 일치하는 곳에 √를 하세요.

06-1 문제 듣기

1

○ queen

○ quit

2

○ rain

○ recycle

3

○ penguin

○ princess

1 They save the penguins and the Earth.

2 The princess said, "I'll save the Earth."

3 The queen said, "It is raining outside."

1

○ We should quit riding in cars.

○ We should recycle things.

2

○ It is raining outside.

○ It is snowing outside.

55

Listen & Choose 문장을 듣고 일치하는 그림을 고르세요.

06-2 문제 듣기

1 a    b

2 a    b

3 a    b

4 a    b

My Strong Taxi

07. mp3

🎧 Phonics Words

파닉스 단어를 잘 듣고 따라 읽어 보세요.

s t u v

snake

strong

table

taxi

umbrella

uncle

violet

violin

Unit 07 나의 튼튼한 택시   파닉스 단어 뱀 | 튼튼한 | 테이블 | 택시 | 우산 | 삼촌 | 보라(색) | 바이올린

파닉스 단어가 들어간 문장을 듣고 따라 읽어 보세요. ☐ ☐ ☐

Uncle Tim is a taxi driver.
He can move anything in his taxi.

"Tim, can you move my violin?"
"Sure, give me your violin."

"Tim, can you move my violet umbrella?"
"Sure, give me your violet umbrella."

"Tim, can you move my snake, too?"
"Sure, give me your snake."

"Tim, can you move my table?"
"Sure, give me your table."
"My taxi is strong."
"Oops!"

특히, ● 부분에 힘을 줘서
소리 내면 저절로 강세가 생기고
유창하게 말할 수 있어요!

Read It Yourself

○ ●을 손으로
짚어 가며 스스로
읽어 보세요.

Tim, can you move my violin?

☞ ● ● ● ○ ● ○ ●

Sure, give me your violet umbrella.

● ● ○ ○ ● ●

Let's Practice

빈칸에 단어를 쓰고, 첫소리가 같은 단어끼리 이어 보세요.

| snake | strong | table | taxi | umbrella | uncle | violet | violin |

그림을 보고, 알맞은 단어를 쓰고 읽어 보세요.

1

Uncle Tim is a ☐ driver.

2

Can you move my ☐

☐ ?

3

My taxi is ☐ .

| snake | strong | table | taxi | umbrella | uncle | violet | violin |

단어를 듣고 일치하는 곳에 ✓를 하세요.

07-1 문제 듣기

1

○ snake

○ strong

2

○ table

○ taxi

3

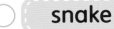

○ violet

○ violin

1 My taxi is strong.

2 Tim, can you move my table?

3 Sure, give me your table.

1

○ Can you move my snake?

○ Can you move my violet umbrella?

2

○ Sure, give me your violin.

○ Sure, give me your table.

Listen & Choose

문장을 듣고 일치하는 그림을 고르세요.

1 a  b

2 a  b

3 a  b

4 a  b

08. mp3

🎧 **Phonics Words** 파닉스 단어를 잘 듣고 따라 읽어 보세요.   w x y z

walnut	**w**atch	fi**x**	bo**x**
yak	**y**ellow	**z**ebra	**z**oo

Unit 08 얼룩말 아줌마의 하루 **파닉스 단어** 호두 | 시계 | 고치다 | 상자 | 야크 | 노란(색) | 얼룩말 | 동물원

Mrs. Zebra works in many places.
In the morning, she works at the zoo.

Mrs. Zebra wears a yellow zoo uniform.
She feeds the yaks.

At noon, she works at the watch shop.
She fixes a yellow watch.

In the evening, she works at the factory.
She moves a big box there.

At night, Mrs. Zebra goes back home.
She opens her walnut box.
"Oh, I love this walnut. I love my day!"

특히, ● 부분에 힘을 줘서
소리 내면 저절로 강세가 생기고
유창하게 말할 수 있어요!

Read It
Yourself

○●을 손으로
짚어 가며 스스로
읽어 보세요.

She fixes a yellow watch.
○　●　○　●　○

She opens her walnut box.
○　●　○　●　○

Write & Match

빈칸에 단어를 쓰고, 첫소리나 끝소리가 같은 단어끼리 이어 보세요.

| walnut | watch | fix | box | yak | yellow | zebra | zoo |

그림을 보고, 알맞은 단어를 쓰고 읽어 보세요.

1

She fixes a yellow [　　　　　].

2

Mrs. Zebra wears a yellow [　　　　　] uniform.

3

She opens her [　　　　] [　　　　].

| walnut | watch | fix | box | yak | yellow | zebra | zoo |

단어를 듣고 일치하는 곳에 √를 하세요.

08-1 문제 듣기

1 🔊))

○ fix
○ box

2 🔊))

○ yak
○ yellow

3 🔊))

○ zebra
○ zoo

70

1 In the morning, Mrs. Zebra works at the zoo.

2 In the evening, she works at the factory.

3 At noon, she works at the watch shop.

Read & Check 그림을 보고, 알맞은 문장에 √를 하세요.

1

○ She feeds the yaks.

○ She feeds the gorilla.

2

○ At night, she goes back home.

○ In the morning, she works at the zoo.

1 ⓐ  ⓑ

2 ⓐ  ⓑ

3 ⓐ  ⓑ

4 ⓐ  ⓑ

Unit 09 Zzzzzzzzzzzip!

09. mp3

🎧 **Phonics Words**　파닉스 단어를 잘 듣고 따라 읽어 보세요.　단모음 **a** **e** **i**

b**a**t	f**a**t	b**e**d	r**e**d	b**i**g	p**i**g

Unit 09 쉬이이이이잇!　파닉스 단어 박쥐 | 뚱뚱한 | 침대 | 빨간(색) | (크기가) 큰 | 돼지

73

The kid is sleeping on her red bed.

The big pig said, "I'm so hungry. Do you have something to eat?"

The red hen said, "Yes. I have a banana.
Do you want some?"

The big pig said, "Yes, please."
The fat bat said, "I have jam under the bed."

Suddenly, the kid wakes up.
The **big pig** said, "Everybody! Zip!"
The kid falls asleep again.

특히, ⬤ 부분에 힘을 줘서
소리 내면 저절로 강세가 생기고
유창하게 말할 수 있어요!

Read It Yourself

○●을 손으로
짚어 가며 스스로
읽어 보세요.

The kid is sleeping on her red bed.

I have jam under the bed.

Let's Practice

빈칸에 단어를 쓰고, 단모음이 같은 단어끼리 이어 보세요.

bat	fat	bed	red	big	pig

1

The kid is sleeping on her red

[　　　　　] .

2

The [　　　　　] bat said,

"I have jam under the bed."

3

The big [　　　　　] said,

"I'm so hungry."

| bat | fat | bed | red | big | pig |

09-1 문제 듣기

1

○ bed
○ red

2

○ bat
○ fat

3

○ big
○ pig

1 The big pig said, "Everybody! Zip!"

2 Suddenly, the kid wakes up.

3 The kid is sleeping on her red bed.

1

○ The red hen said, "Yes, I have a banana."

○ The fat bat said, "Yes, I have a banana."

2

○ I have jam under the bed.

○ I have jam under the hen.

Listen & Choose

문장을 듣고 일치하는 그림을 고르세요.

09-2 문제 듣기

1 a  b

2 a  b

3 a  b

4 a  b

10. mp3

🎧 Phonics Words

파닉스 단어를 잘 듣고 따라 읽어 보세요.

단모음 o u

hot

job

pot

cup

fun

run

Unit 10 달려, 달려, 달려! | **파닉스 단어** 뜨거운 | 직업 | 냄비 | 컵 | 재미있는 | 달리다

Under the sea, there is an octopus.
He has a job. He is a cook.

The octopus works on the submarine.
He likes his job.

The octopus has fancy pots and cups.
He has eight pots and cups.

Many fish have a fun time there.
The food is yummy, too.

Ouch! This pot is too hot!
Hot, hot, hot!
Look at the fire!
Run, run, run!

특히, ● 부분에 힘을 줘서
소리 내면 저절로 강세가 생기고
유창하게 말할 수 있어요!

Read It Yourself

○●을 손으로
짚어 가며 스스로
읽어 보세요.

Many fish have a fun time there.
○　●　○　●　○　●

This pot is too hot!
○　●　○　●

Let's Practice

| hot | job | pot | cup | fun | run |

그림을 보고, 알맞은 단어를 쓰고 읽어 보세요.

1

He has a ⬚ .

2
He has eight ⬚ s
and ⬚ s.

3
Many fish have a ⬚
time there.

| hot | job | pot | cup | fun | run |

Listen & Check 단어를 듣고 일치하는 곳에 √를 하세요.

10-1 문제 듣기

1

◯ job
◯ cup
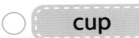

2

◯ hot
◯ pot

3

◯ fun
◯ run

문장을 읽고, 일치하는 그림에 문장 번호를 써 보세요.

1 He has eight pots and cups.

2 This pot is too hot!

3 Run, run, run!

그림을 보고, 알맞은 문장에 √를 하세요.

1

○ Hot, hot, hot!

○ Run, run, run!

2

○ This pot is too hot!

○ This cup is too hot!

1 ⓐ  ⓑ

2 ⓐ  ⓑ

3 ⓐ  ⓑ

4 ⓐ  ⓑ

바빠 초등
파닉스 리딩①
받아쓰기 연습

 음원 듣기

① QR코드로 받아쓰기 음원을 듣고 빈칸에 단어를 채워 보세요.
② 본문을 확인한 후, 틀린 부분만 집중해서 다시 들어 보면 최고!

내가 틀린 문제를 스스로 확인하는 습관을 들이면, 아우리 바쁘더라도 공부 실력을 키울 수 있어요!

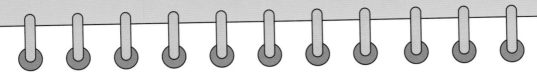

01 Alligator, Bear, and Cat

*들려주는 문장을 잘 듣고, 빈칸에 알맞은 단어를 써 보세요.

An _____ is in the pool.
The alligator eats an _____ .

A _____ is under the tree.
The bear eats a _____ .

A _____ is on the chair.
The cat eats a _____ .

Swish!

The _____ is under the tree.
The _____ is on the chair.
The _____ is in the pool.

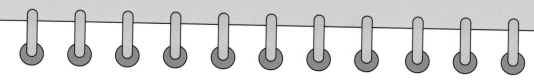

02 I Want to Be a Friend

*들려주는 문장을 잘 듣고, 빈칸에 알맞은 단어를 써 보세요.

The elf is not happy.
The _____ wants friends.

The _____ needs an egg.
The elf can make it.

The frog needs a _____.
The elf can make it.

The duck needs a _____.
The elf can make it.

The elephant, _____, duck, and elf are
happy now. They become friends.

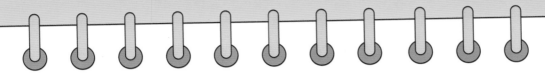

03 Oops! Mr. Gorilla

*들려주는 문장을 잘 듣고, 빈칸에 알맞은 단어를 써 보세요.

Mr. _____ has an interview today.
Now, he is very _____ .

The goat has _____ s.
Mr. Gorilla likes grapes.

The _____ has hams.
Mr. Gorilla likes _____ s.

He is not hungry.
Now, he is very full.

The _____ is ready.
Burrrrp!
Then, things happen.

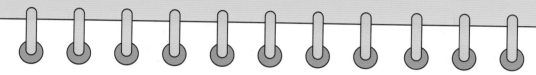

04 The King Likes Sweets

*들려주는 문장을 잘 듣고, 빈칸에 알맞은 단어를 써 보세요.

The _____ lives in Sweet Kingdom.
The king likes sweets very much.

Kate has _____ _____.
The king takes it away. She cries.

Lynn has _____ _____.
The king takes it away. She cries, too.

Jim has a _____.
The king takes it away. He cries, too.

The next day, the king sees the mirror.
Oh, my goodness!

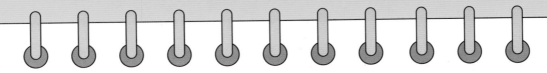

05 Mike's Special Night

*들려주는 문장을 잘 듣고, 빈칸에 알맞은 단어를 써 보세요.

At _____, Mike can't sleep.
"Mom, I can't sleep." Mike says.

"Look at this odd _____ and put something
in it." Mom says.

Mom puts an _____ _____ into the nest.
The _____ comes out.

_____ puts some milk into the nest.
The Milky Way comes out.

"Mom, I love you." Mike says.
Tonight is very special.

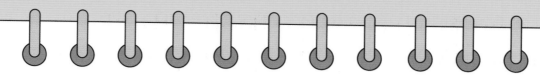

06 Penguins Save the Earth

*들려주는 문장을 잘 듣고, 빈칸에 알맞은 단어를 써 보세요.

The queen said, "It is _____ outside.
Our _____ kingdom is melting now."

The _____ said, "Look! The Earth is sick!"
The _____ said, "I'll save the Earth."

The princess said,
"No cars! We should _____ riding in cars."

The princess said,
"No plastic! We should _____ things."

A few years later, everyone is happy.
Now, the rain stops.
They save the penguins and the Earth.

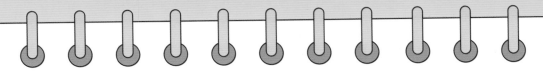

07 My Strong Taxi

*들려주는 문장을 잘 듣고, 빈칸에 알맞은 단어를 써 보세요.

_____ Tim is a taxi driver.

He can move anything in his _____.

"Tim, can you move my _____?"
"Sure, give me your violin."

"Tim, can you move my violet _____?"
"Sure, give me your violet umbrella."

"Tim, can you move my _____, too?"
"Sure, give me your snake."

"Tim, can you move my _____?"
"Sure, give me your table."
"My taxi is strong."
"Oops!"

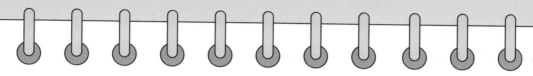

08 Mrs. Zebra's Day

*들려주는 문장을 잘 듣고, 빈칸에 알맞은 단어를 써 보세요.

Mrs. _____ works in many places.
In the morning, she works at the _____ .

Mrs. Zebra wears a _____ zoo uniform.
She feeds the _____s.

At noon, she works at the _____ shop.
She _____es a yellow watch.

In the evening, she works at the factory.
She moves a big _____ there.

At night, Mrs. _____ goes back home.
She opens her _____ box.
"Oh, I love this walnut. I love my day!"

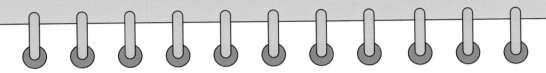

09 Zzzzzzzzzzip!

*들려주는 문장을 잘 듣고, 빈칸에 알맞은 단어를 써 보세요.

The kid is sleeping on her red _____.

The _____ pig said, "I'm so hungry.
Do you have something to eat?"

The _____ hen said, "Yes. I have a banana.
Do you want some?"

The big pig said, "Yes, please."
The _____ bat said, "I have jam under the bed."

Suddenly, the kid wakes up.
The big _____ said, "Everybody! Zip!"
The kid falls asleep again.

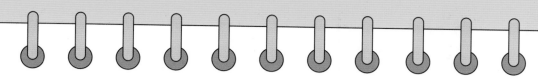

10 Run, Run, Run!

*들려주는 문장을 잘 듣고, 빈칸에 알맞은 단어를 써 보세요.

Under the sea, there is an octopus.
He has a _____. He is a cook.

The octopus works on the submarine.
He likes his job.

The octopus has fancy _____s and cups.
He has eight pots and _____s.

Many fish have a _____ time there.
The food is yummy, too.

Ouch! This pot is too _____!
Hot, hot, hot!
Look at the fire!
_____, run, run!

전 세계 어린이들이 가장 많이 읽는
영어동화 100편 시리즈

🎧 원어민 음원 QR 제공

명작동화

과학동화

위인동화 | 각 권 16,800원 | 세트 49,000원

더 경제적!

영어교육과 교수님부터 영재연구소, 미국 초등 선생님까지 강력 추천!

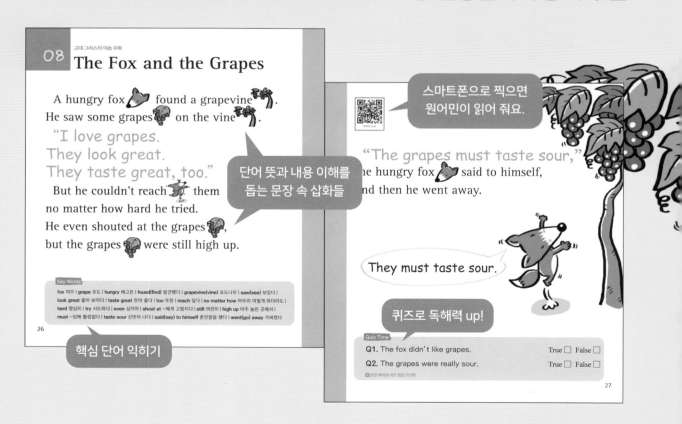

08 고대 그리스의 이솝 우화
The Fox and the Grapes

A hungry fox found a grapevine.
He saw some grapes on the vine.
"I love grapes.
They look great.
They taste great, too."
But he couldn't reach them
no matter how hard he tried.
He even shouted at the grapes,
but the grapes were still high up.

단어 뜻과 내용 이해를
돕는 문장 속 삽화들

Key Words

fox 여우 | grape 포도 | hungry 배고픈 | found(find) 발견했다 | grapevine(vine) 포도나무 | saw(see) 보았다 |
look great 좋아 보이다 | taste great 맛이 좋다 | too 또한 | reach 닿다 | no matter how 아무리 어떻게 하더라도 |
hard 열심히 | try 시도하다 | even 심지어 | shout at ~에게 고함치다 | still 여전히 | high up 아주 높은 곳에서 |
must ~임에 틀림없다 | taste sour 신맛이 나다 | said(say) to himself 혼잣말을 했다 | went(go) away 가버렸다

26

핵심 단어 익히기

스마트폰으로 찍으면
원어민이 읽어 줘요.

"The grapes must taste sour,"
the hungry fox said to himself,
and then he went away.

They must taste sour.

퀴즈로 독해력 up!

Quiz Time

Q1. The fox didn't like grapes.   True ☐ False ☐
Q2. The grapes were really sour.   True ☐ False ☐

정문 해석과 퀴즈 정답 213쪽

27

아이들에게 '나도 영어로 책을 읽을 수 있구나' 하는 자신감을 키워 줍니다. —박윤빈 원장님(용인 '투래빗 잉글리시')

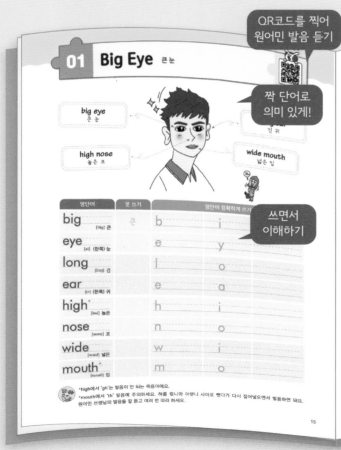
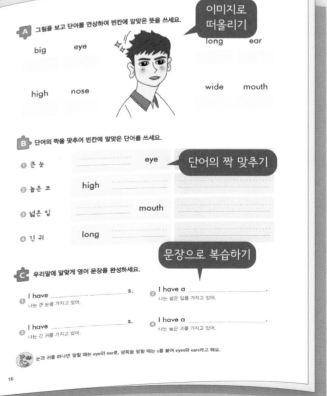

바빠 시리즈 초등 학년별 추천 도서

학년	학기별 연산책 바빠 교과서 연산 학기 중, 선행용으로 추천!	나 혼자 푼다! 수학 문장제 학교 시험 서술형 완벽 대비!
1학년	·바쁜 1학년을 위한 빠른 교과서 연산 1-1 ·바쁜 1학년을 위한 빠른 교과서 연산 1-2	·나 혼자 푼다! 수학 문장제 1-1 ·나 혼자 푼다! 수학 문장제 1-2
2학년	·바쁜 2학년을 위한 빠른 교과서 연산 2-1 ·바쁜 2학년을 위한 빠른 교과서 연산 2-2	·나 혼자 푼다! 수학 문장제 2-1 ·나 혼자 푼다! 수학 문장제 2-2
3학년	·바쁜 3학년을 위한 빠른 교과서 연산 3-1 ·바쁜 3학년을 위한 빠른 교과서 연산 3-2	·나 혼자 푼다! 수학 문장제 3-1 ·나 혼자 푼다! 수학 문장제 3-2
4학년	·바쁜 4학년을 위한 빠른 교과서 연산 4-1 ·바쁜 4학년을 위한 빠른 교과서 연산 4-2	·나 혼자 푼다! 수학 문장제 4-1 ·나 혼자 푼다! 수학 문장제 4-2
5학년	·바쁜 5학년을 위한 빠른 교과서 연산 5-1 ·바쁜 5학년을 위한 빠른 교과서 연산 5-2	·나 혼자 푼다! 수학 문장제 5-1 ·나 혼자 푼다! 수학 문장제 5-2
6학년	·바쁜 6학년을 위한 빠른 교과서 연산 6-1 ·바쁜 6학년을 위한 빠른 교과서 연산 6-2	·나 혼자 푼다! 수학 문장제 6-1 ·나 혼자 푼다! 수학 문장제 6-2

'바빠 교과서 연산'과
'나 혼자 문장제'를
함께 풀면
한 학기 수학 완성!

재미있는 파닉스 동화로 시작하는 **첫 영어 리딩!**

바빠 초등
파닉스 리딩 ①

정답 및 해석

Phonics Reading

이 책으로 지도하는
선생님과 학부모님을
위해 준비했어요.

이지스에듀

정답 및 해석 200% 활용법

⭐ 이야기의 재미와 호기심을 자극해 주세요.

각 유닛의 상단에 이야기를 상상해 볼 수 있는 한글 해석을 수록했습니다. 각 유닛의 공부를 시작하기 전 아이에게 읽어 주며, 본문의 첫 번째 페이지 그림을 보고 등장인물과 이야기를 상상해 보게 하세요.

⭐ 문제의 정답을 확인한 뒤, 자주 틀리는 영역에 신경 써 주세요.

언어의 4가지 영역(쓰기, 말하기, 읽기, 듣기) 문제의 정답을 확인해 보세요. 틀린 문제는 ★표를 쳐 놓고 다시 풀게 해 주세요. 그리고 반복해서 틀리는 영역이 있다면 그 영역에 더 신경 써서 지도해 주세요.

⭐ Word Check: 잘 읽지 못하는 단어를 체크해 주세요!

각 유닛의 공부가 끝날 때마다 아이가 배운 단어를 읽을 수 있는지 체크해 주세요. 잘 읽지 못하는 단어가 있다면 그 단어만 모아 복습시켜 주세요.

바빠 초등

파닉스 리딩 ①

정답 및 해석

Phonics Reading

이지스에듀

Unit 01

Alligator, Bear, and Cat
악어랑, 곰이랑, 그리고 고양이

악어랑, 곰이랑, 그리고 고양이가 각자 간식을 먹으며 즐겁게 시간을 보내요. 이런! 곧 큰 회오리바람이 분다는데, 아무도 모르나 봐요. 모두 그 무서운 바람을 피해 무사할 수 있을까요?

Let's Read

10~12p

An alligator is in the pool.
악어는 수영장 안에 있어요.

The alligator eats an apple.
악어는 사과를 먹어요.

A bear is under the tree.
곰은 나무 아래에 있어요.

The bear eats a banana.
곰은 바나나를 먹어요.

A cat is on the chair.
고양이는 의자 위에 있어요.

The cat eats a candy.
고양이는 사탕을 먹어요.

Swish!
휘익!

 in(안에), under(아래에), on(위에) 같은 단어는 그림과 연결해서 지도해 주세요.

The alligator is under the tree.
악어는 나무 아래에 있어요.

The bear is on the chair.
곰은 의자 위에 있어요.

The cat is in the pool.
고양이는 수영장 안에 있어요.

Let's Practice

13~16p

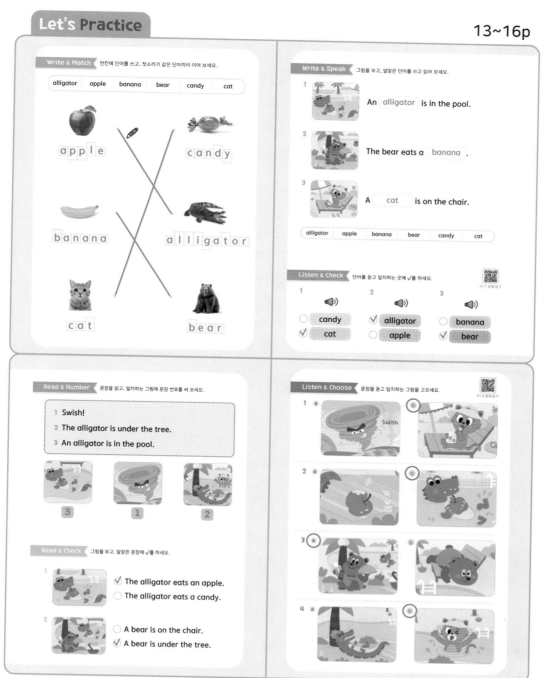

Write & Match 빈칸에 단어를 쓰고, 첫소리가 같은 단어끼리 이어 보세요.

| alligator | apple | banana | bear | candy | cat |

a p p l e

c a n d y

b a n a n a

a l l i g a t o r

c a t

b e a r

Write & Speak 그림을 보고, 알맞은 단어를 쓰고 읽어 보세요.

1 An alligator is in the pool.

2 The bear eats a banana .

3 A cat is on the chair.

| alligator | apple | banana | bear | candy | cat |

Listen & Check 단어를 듣고 일치하는 곳에 ✓를 하세요.

1
○ candy
✓ cat

2
✓ alligator
○ apple

3
○ banana
✓ bear

Read & Number 문장을 읽고, 일치하는 그림에 문장 번호를 써 보세요.

1 Swish!
2 The alligator is under the tree.
3 An alligator is in the pool.

3   1   2

Read & Check 그림을 보고, 알맞은 문장에 ✓를 하세요.

1
✓ The alligator eats an apple.
○ The alligator eats a candy.

2
○ A bear is on the chair.
✓ A bear is under the tree.

Listen & Choose 문장을 듣고 일치하는 그림을 고르세요.

1 a ⓑ

2 a ⓑ

3 ⓐ b

4 a ⓑ

어려웠던 영역은 꼭 다시 한번 반복하세요!

Unit 02
I Want to Be a Friend
나는 친구가 되고 싶어

친구가 필요했던 한 요정이 코끼리, 개구리, 오리와 친구가 되어 행복해졌대요. 과연 그 요정은 어떻게 코끼리, 개구리, 오리와 친구가 될 수 있었을까요?

18~20p

Let's Read

The elf is not happy.
요정은 행복하지 않아요.
The elf wants friends.
요정은 친구들을 원해요.

The elephant needs an egg.
코끼리는 계란 한 개가 필요해요.
The elf can make it.
요정은 그걸 만들 수 있어요.

The frog needs a fan.
개구리는 선풍기 한 대가 필요해요.
The elf can make it.
요정은 그걸 만들 수 있어요.

The duck needs a doll.
오리는 인형 한 개가 필요해요.
The elf can make it.
요정은 그걸 만들 수 있어요.

 egg(계란)의 e, friend(친구)의 f도 알파벳 소릿값과 연결해서 지도해 주세요.

The elephant, frog, duck, and elf are happy now.
코끼리와 개구리, 오리와 요정은 이제 행복해요.

They become friends.
그들은 친구가 되었거든요.

Let's Practice

21~24p

Write & Match 빈칸에 단어를 쓰고, 첫소리가 같은 단어끼리 이어 보세요.

| doll | duck | elephant | elf | fan | frog |

doll

elephant

fan

duck

elf

frog

Write & Speak 그림을 보고, 알맞은 단어를 쓰고 읽어 보세요.

1 The [elf] wants friends.

2 The duck needs a [doll].

3 The [frog] needs a fan.

| doll | duck | elephant | elf | fan | frog |

Listen & Check 단어를 듣고 일치하는 곳에 ✓를 하세요.

1
✓ elephant
○ elf

2
✓ frog
○ fan

3
○ doll
✓ duck

Read & Number 문장을 읽고, 일치하는 그림에 문장 번호를 써 보세요.

1 The elf is not happy.
2 The elf can make it.
3 The elephant needs an egg.

1   3   2

Read & Check 그림을 보고, 알맞은 문장에 ✓를 하세요.

1
○ The frog needs an egg.
✓ The frog needs a fan.

2
✓ They are happy now.
○ They are not happy now.

Listen & Choose 문장을 듣고 일치하는 그림을 고르세요.

1 a   b

2 a   b

3 a   ⓑ

4 a   ⓑ

어려웠던 영역은 꼭 다시 한번 반복하세요!

5

Unit 03

Oops! Mr. Gorilla
어머! 고릴라 씨

오늘은 고릴라 씨의 방송 인터뷰가 있는 날이에요. 인터뷰 전에 하필 배가 고팠던 고릴라 씨는 음식으로 배를 막 채워요. 드디어 인터뷰 시간! 꺼억! 이런! 대체 무슨 소리죠?

26~28p

Let's Read

Mr. Gorilla has an interview today.
고릴라 씨는 오늘 인터뷰가 있어요.

Now, he is very hungry.
지금, 그는 몹시 배가 고파요.

The goat has grapes.
염소가 포도를 가지고 있어요.

Mr. Gorilla likes grapes.
고릴라 씨는 포도를 좋아해요.

The iguana has hams.
이구아나가 햄을 가지고 있어요.

Mr. Gorilla likes hams.
고릴라 씨는 햄을 좋아해요.

He is not hungry.
그는 배가 고프지 않아요.

Now, he is very full.
이제, 그는 매우 배가 불러요.

 goat(염소)의 g도 알파벳 소릿값과 연결해서 지도해 주세요.

The interview is ready.
인터뷰가 준비되어 있어요.

Burrrrp!
꺼어억!

Then, things happen.
그때, 이런 일이 벌어지네요.

29~32p

Let's Practice

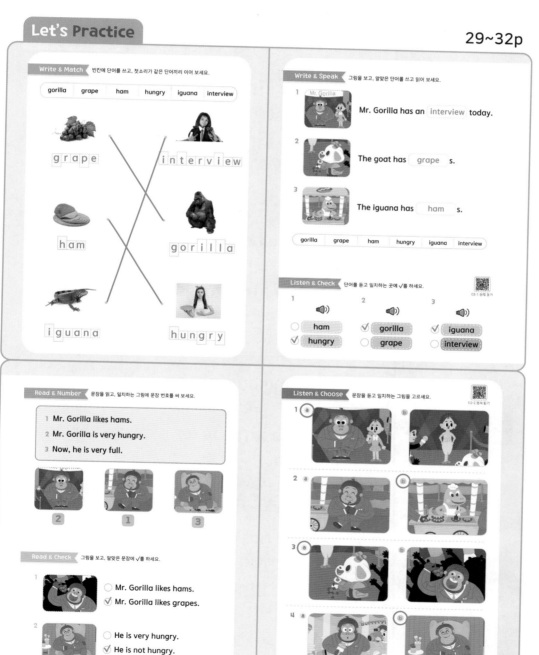

Write & Match 빈칸에 단어를 쓰고, 첫소리가 같은 단어끼리 이어 보세요.

gorilla grape ham hungry iguana interview

g r a p e   i n t e r v i e w

h a m   g o r i l l a

i g u a n a   h u n g r y

Write & Speak 그림을 보고, 알맞은 단어를 쓰고 읽어 보세요.

1 Mr. Gorilla has an interview today.

2 The goat has grape s.

3 The iguana has ham s.

gorilla grape ham hungry iguana interview

Listen & Check 단어를 듣고 일치하는 곳에 √를 하세요.

1 ○ ham   2 √ gorilla   3 √ iguana
   √ hungry   ○ grape   ○ interview

Read & Number 문장을 읽고, 일치하는 그림에 문장 번호를 써 보세요.

1 Mr. Gorilla likes hams.
2 Mr. Gorilla is very hungry.
3 Now, he is very full.

2   1   3

Read & Check 그림을 보고, 알맞은 문장에 √를 하세요.

1 ○ Mr. Gorilla likes hams.
   √ Mr. Gorilla likes grapes.

2 ○ He is very hungry.
   √ He is not hungry.

Listen & Choose 문장을 듣고 일치하는 그림을 고르세요.

1 a   b

2 a   b

3 a   b

4 a   b

어려웠던 영역은 꼭 다시 한번 반복하세요!

Unit 04
The King Likes Sweets
왕은 달콤한 걸 좋아해

달콤 왕국에는 욕심꾸러기 왕이 살아요. 세상의 모든 단 것들을 먹고 말겠다는 욕심꾸러기 왕은 아이들의 음식도 빼앗아서 먹어요. 그런 왕을 막을 수 있을까요?

34~36p

Let's Read

The king lives in Sweet Kingdom.
달콤 왕국에 왕이 살아요.

The king likes sweets very much.
그 왕은 달콤한 것을 매우 좋아해요.

Kate has kiwi juice.
케이트는 키위주스를 가지고 있어요.

The king takes it away. She cries.
왕은 그걸 빼앗아요. 그녀는 울어요.

Lynn has lemon jam.
린은 레몬잼을 가지고 있어요.

The king takes it away. She cries, too.
왕은 그걸 빼앗아요. 그녀도 울어요.

Jim has a lollipop.
짐은 막대사탕을 가지고 있어요.

The king takes it away. He cries, too.
왕은 그걸 빼앗아요. 그도 울어요.

Kate(케이트)의 k, Lynn(린)의 l, Jim(짐)의 j도 알파벳 소릿값과 연결해서 지도해 주세요.

The next day, the king sees the mirror.
그 다음날, 왕은 거울을 봐요.

Oh, my goodness!
오, 이런!

Let's Practice

37~40p

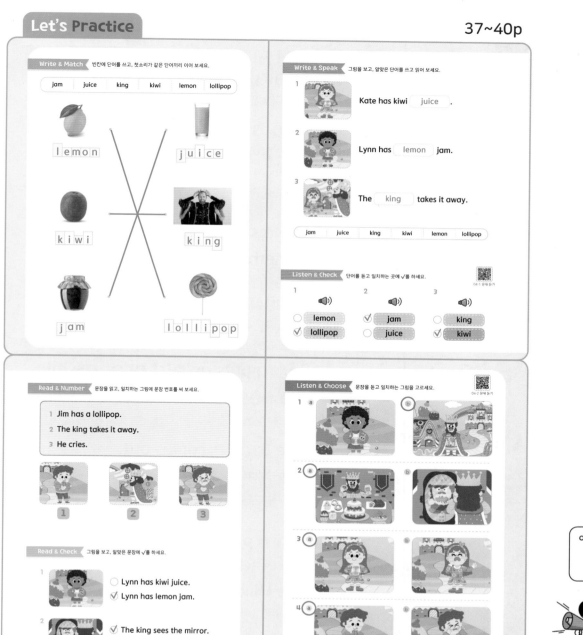

Write & Match 빈칸에 단어를 쓰고, 첫소리가 같은 단어끼리 이어 보세요.

| jam | juice | king | kiwi | lemon | lollipop |

l e m o n

j u i c e

k i w i

k i n g

j a m

l o l l i p o p

Write & Speak 그림을 보고, 알맞은 단어를 쓰고 읽어 보세요.

1 Kate has kiwi [juice] .

2 Lynn has [lemon] jam.

3 The [king] takes it away.

| jam | juice | king | kiwi | lemon | lollipop |

Listen & Check 단어를 듣고 일치하는 곳에 ✓를 하세요.

1 🔊)
  ○ lemon
  ✓ lollipop

2 🔊)
  ✓ jam
  ○ juice

3 🔊)
  ✓ king
  ✓ kiwi

Read & Number 문장을 읽고, 일치하는 그림에 문장 번호를 써 보세요.

1 Jim has a lollipop.
2 The king takes it away.
3 He cries.

1   2   3

Read & Check 그림을 보고, 알맞은 문장에 ✓를 하세요.

1 ○ Lynn has kiwi juice.
  ✓ Lynn has lemon jam.

2 ✓ The king sees the mirror.
  ○ The king sees the fan.

Listen & Choose 문장을 듣고 일치하는 그림을 고르세요.

1 ⓐ ⓑ

2 ⓐ ⓑ

3 ⓐ ⓑ

4 ⓐ ⓑ

어려웠던 영역은 꼭 다시 한번 반복하세요!

Unit 05
Mike's Special Night
마이크의 특별한 밤

어두운 밤, 마이크는 잠이 오지 않아요. 엄마는 오렌지와 우유로 마이크에게 무척 특별한 밤을 만들어 주네요. 엄마는 무엇을 했을까요?

Let's Read

42~44p

At **night**, Mike can't sleep.
밤에 마이크는 잠이 안 와요.
"**Mom**, I can't sleep." Mike says.
"엄마, 잠이 안 와요." 마이크가 말해요.

"Look at this odd **nest** and put something in it." **Mom** says.
"이 신기한 둥지를 봐. 그리고 이 안에 뭔가 넣어보렴." 엄마가 말해요.

Mom puts an **old orange** into the **nest**.
엄마는 오래된 오렌지 한 개를 그 둥지 안에 넣어요.
The **moon** comes out.
달이 나와요.

Mom puts some milk into the **nest**.
엄마가 우유를 그 둥지 안에 넣어요.
The Milky Way comes out.
은하수가 나와요.

Mike(마이크), milk(우유), Milky Way(은하수)의 m, odd(이상한)의 o도 알파벳 소릿값과 연결해서 지도해 주세요.

10

"Mom, I love you." Mike says.

"엄마, 사랑해요." 마이크가 말해요.

Tonight is very special.

오늘밤은 매우 특별해요.

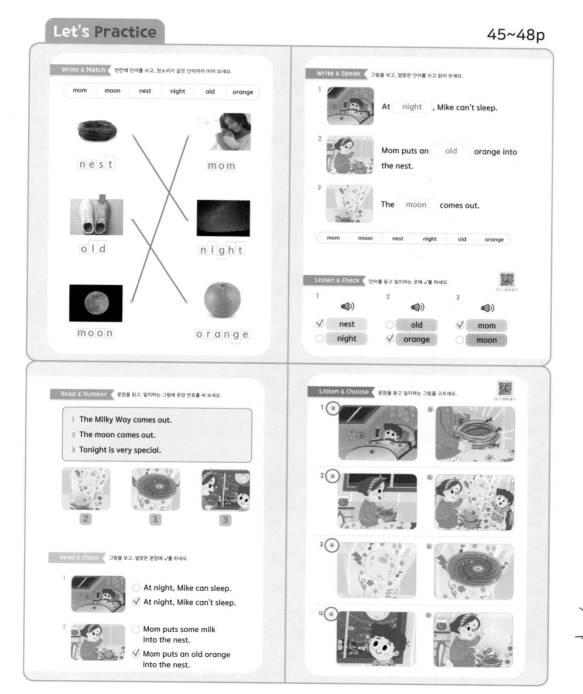

Let's Practice

45~48p

Write & Match 빈칸에 단어를 쓰고, 첫소리가 같은 단어끼리 이어 보세요.

| mom | moon | nest | night | old | orange |

n e s t

m o m

o l d

n i g h t

m o o n

o r a n g e

Write & Speak 그림을 보고, 알맞은 단어를 쓰고 읽어 보세요.

1. At (night), Mike can't sleep.

2. Mom puts an (old) orange into the nest.

3. The (moon) comes out.

| mom | moon | nest | night | old | orange |

Listen & Check 단어를 듣고 일치하는 곳에 √를 하세요.

1. ✓ nest / ○ night
2. ○ old / ✓ orange
3. ✓ mom / ○ moon

Read & Number 문장을 읽고, 일치하는 그림에 문장 번호를 써 보세요.

1. The Milky Way comes out.
2. The moon comes out.
3. Tonight is very special.

[2] [1] [3]

Read & Check 그림을 보고, 알맞은 문장에 √를 하세요.

1. ○ At night, Mike can sleep.
   ✓ At night, Mike can't sleep.

2. ○ Mom puts some milk into the nest.
   ✓ Mom puts an old orange into the nest.

Listen & Choose 문장을 듣고 일치하는 그림을 고르세요.

1. (a) / b
2. (a) / b
3. (a) / b
4. (a) / b

어려웠던 영역은 꼭 다시 한번 반복하세요!

11

Unit 06
Penguins Save the Earth

펭귄들이 지구를 구해요

비가 와서 위험했던 펭귄 왕국이 다시 눈으로 가득해요. 이게 다 펭귄 공주 덕분이래요. 펭귄 공주는 어떻게 위기에 빠진 왕국과 지구를 구할 수 있었을까요?

The queen said, "It is raining outside.

여왕이 말했어요. "밖에 비가 오고 있어.

Our penguin kingdom is melting now."

우리 펭귄 왕국이 지금 녹고 있어."

The queen said, "Look! The Earth is sick!"

여왕이 말했어요. "이것 봐! 지구가 아파!"

The princess said, "I'll save the Earth."

공주가 말했어요. "제가 지구를 구할게요."

The princess said,

공주가 말했어요.

"No, cars! We should quit riding in cars."

"자동차는 안 돼요! 우린 자동차 타는 걸 그만두어야 해요."

The princess said,

공주가 말했어요.

"No, plastic! We should recycle things."

"플라스틱은 안 돼요! 우리는 재활용을 해야 해요."

 plastic(플라스틱)의 p, ride(타다)의 r도 알파벳 소릿값과 연결해서 지도해 주세요.

A few years later, everyone is happy.
몇 년 후, 모두가 행복해져요.

Now, the rain stops.
지금, 비가 멈췄어요.

They save the penguins and the Earth.
그들은 펭귄들과 지구를 구했어요.

53~56p

Let's Practice

Write & Match 빈칸에 단어를 쓰고, 첫소리가 같은 단어끼리 이어 보세요.

| penguin | princess | queen | quit | rain | recycle |

p e n g u i n

q u i t

q u e e n

r a i n

r e c y c l e

p r i n c e s s

Write & Speak 그림을 보고, 알맞은 단어를 쓰고 읽어 보세요.

1 It is [rain] ing outside.

2 We should [quit] riding in cars.

3 Our [penguin] kingdom is melting now.

| penguin | princess | queen | quit | rain | recycle |

Listen & Check 단어를 듣고 일치하는 곳에 ✓를 하세요.

1 🔊
- ✓ queen
- ○ quit

2 🔊
- ○ rain
- ✓ recycle

3 🔊
- ○ penguin
- ✓ princess

Read & Number 문장을 읽고, 일치하는 그림에 문장 번호를 써 보세요.

1 They save the penguins and the Earth.
2 The princess said, "I'll save the Earth."
3 The queen said, "It is raining outside."

3   2   1

Read & Check 그림을 보고, 알맞은 문장에 ✓를 하세요.

1
- ○ We should quit riding in cars.
- ✓ We should recycle things.

2
- ✓ It is raining outside.
- ○ It is snowing outside.

Listen & Choose 문장을 듣고 일치하는 그림을 고르세요.

1 a   b

2 a   b

3 a   b

4 a   b

어려웠던 영역은 꼭 다시 한번 반복하세요!

Unit 07
My Strong Taxi
나의 튼튼한 택시

팀 삼촌은 택시 운전사예요. 특히 팀 삼촌의 택시는 튼튼하다고 소문이 자자해요. 그래서 손님들이 물건을 실어 달라고 부탁을 많이 하는데요. 택시는 그 물건을 모두 실을 수 있을까요?

Let's Read

58~60p

Uncle Tim is a taxi driver.
팀 삼촌은 택시 운전사예요.

He can move anything in his taxi.
그는 그의 택시로 무엇이든 실어 나를 수 있어요.

"Tim, can you move my violin?"
"팀, 제 바이올린 좀 실어 줄 수 있어요?"

"Sure, give me your violin."
"물론이지, 네 바이올린을 나에게 주렴."

"Tim, can you move my violet umbrella?"
"팀, 제 보라색 우산 좀 실어 줄 수 있어요?"

"Sure, give me your violet umbrella."
"물론이지, 네 보라색 우산을 나에게 주렴."

"Tim, can you move my snake, too?"
"팀, 제 뱀도 좀 실어 줄 수 있어요?"

"Sure, give me your snake."
"물론이지, 네 뱀을 나에게 주렴."

 Tim(팀)의 t도 알파벳 소릿값과 연결해서 지도해 주세요.

"Tim, can you move my **table**?"
"팀, 제 탁자도 좀 실어 줄 수 있어요?"

"Sure, give me your **table**."
"물론이죠. 당신 탁자를 제게 주세요."

"My **taxi** is **strong**."
"제 택시는 튼튼하거든요."

"Oops!"
"이런!"

Let's Practice

61~64p

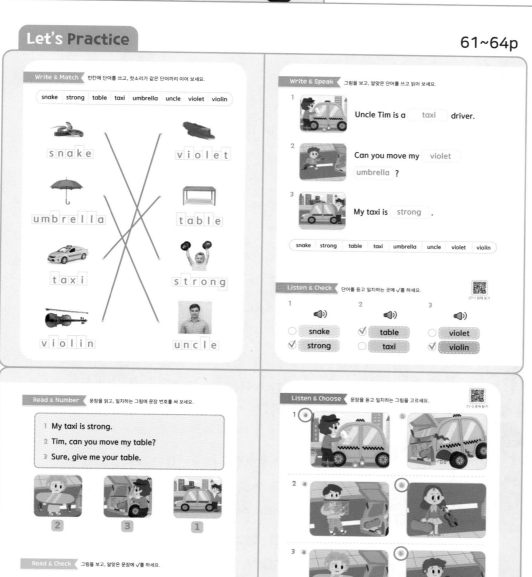

Write & Match 빈칸에 단어를 쓰고, 첫소리가 같은 단어끼리 이어 보세요.

snake strong table taxi umbrella uncle violet violin

s n a k e
v i o l e t
u m b r e l l a
t a b l e
t a x i
s t r o n g
v i o l i n
u n c l e

Write & Speak 그림을 보고, 알맞은 단어를 쓰고 읽어 보세요.

1. Uncle Tim is a [taxi] driver.

2. Can you move my [violet] [umbrella]?

3. My taxi is [strong].

snake strong table taxi umbrella uncle violet violin

Listen & Check 단어를 듣고 일치하는 곳에 √를 하세요.

1	2	3
○ snake	√ table	○ violet
√ strong	○ taxi	√ violin

Read & Number 문장을 읽고, 일치하는 그림에 문장 번호를 써 보세요.

1 My taxi is strong.
2 Tim, can you move my table?
3 Sure, give me your table.

[2] [3] [1]

Read & Check 그림을 보고, 알맞은 문장에 √를 하세요.

1.
√ Can you move my snake?
○ Can you move my violet umbrella?

2.
√ Sure, give me your violin.
○ Sure, give me your table.

Listen & Choose 문장을 듣고 일치하는 그림을 고르세요.

1 (a) / b
2 a / (b)
3 a / (b)
4 (a) / b

어려웠던 영역은
꼭 다시 한번
반복하세요!

15

Unit 08
Mrs. Zebra's Day
얼룩말 아줌마의 하루

와~ 얼룩말 아줌마의 직업은 몇 개일까요? 아침부터 저녁까지 부지런히 일하는 얼룩말 아줌마는 과연 하루를 어떻게 보낼까요?

Let's Read

66~68p

Mrs. Zebra works in many places.
얼룩말 아줌마는 여러 곳에서 일해요.

In the morning, she works at the zoo.
아침에 그녀는 동물원에서 일해요.

Mrs. Zebra wears a yellow zoo uniform.
얼룩말 아줌마는 노란색 동물원 유니폼을 입어요.

She feeds the yaks.
그녀는 야크들에게 먹이를 먹여요.

At noon, she works at the watch shop.
정오에 그녀는 시계 가게에서 일해요.

She fixes a yellow watch.
그녀는 노란색 시계를 고쳐요.

In the evening, she works at the factory.
저녁에 그녀는 공장에서 일해요.

She moves a big box there.
그녀는 거기서 큰 상자를 옮겨요.

 in the morning(아침에), at noon(정오에), in the evening(저녁에), at night(밤에) 같은 시간 표현은 그림과 연결해서 지도해 주세요.

At night, Mrs. Zebra goes back home.
밤에 얼룩말 아줌마는 집으로 돌아와요.

She opens her walnut box.
그녀는 호두 상자를 열어요.

"Oh, I love this walnut. I love my day!"
"오, 난 호두가 너무 좋아. 난 나의 하루를 사랑해!"

Let's Practice

69~72p

Write & Match
빈칸에 단어를 쓰고, 첫소리나 끝소리가 같은 단어끼리 이어 보세요.

| walnut | watch | fix | box | yak | yellow | zebra | zoo |

y a k

w a l n u t

z e b r a

f i x

b o x

y e l l o w

w a t c h

z o o

Write & Speak
그림을 보고, 알맞은 단어를 쓰고 읽어 보세요.

1 She fixes a yellow [watch].

2 Mrs. Zebra wears a yellow [zoo] uniform.

3 She opens her [walnut] [box].

| walnut | watch | fix | box | yak | yellow | zebra | zoo |

Listen & Check
단어를 듣고 일치하는 곳에 √를 하세요.

1 🔊
- ✓ fix
- ○ box

2 🔊
- ✓ yak
- ○ yellow

3 🔊
- ✓ zebra
- ○ zoo

Read & Number
문장을 읽고, 일치하는 그림에 문장 번호를 써 보세요.

1 In the morning, Mrs. Zebra works at the zoo.
2 In the evening, she works at the factory.
3 At noon, she works at the watch shop.

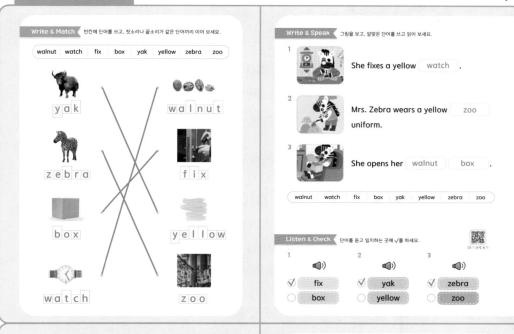

1 3 2

Read & Check
그림을 보고, 알맞은 문장에 √를 하세요.

1
- ✓ She feeds the yaks.
- ○ She feeds the gorilla.

2
- ✓ At night, she goes back home.
- ○ In the morning, she works at the zoo.

Listen & Choose
문장을 듣고 일치하는 그림을 고르세요.

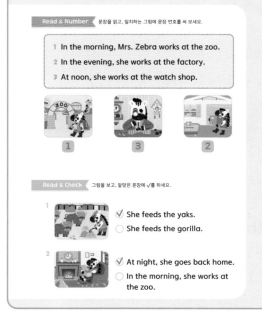

1 a b
2 a b
3 a b
4 a b

어려웠던 영역은 꼭 다시 한번 반복하세요!

Zzzzzzzzzzip!

쉬이이이이잇!

아이가 자는 동안, 인형들은 무슨 이야기를 할까요? 큰 돼지 인형, 빨간 암탉 인형, 뚱뚱한 박쥐 인형은 재잘재잘 떠들어요. 과연 자는 아이에게 들키지 않을 수 있을까요?

Let's Read

74~76p

The kid is sleeping on her red bed.
아이는 그녀의 빨간 침대 위에서 자고 있어요.

The big pig said, "I'm so hungry.
큰 돼지 인형이 말했어요. "나 너무 배가 고파.
Do you have something to eat?"
너희들 먹을 것 좀 있니?"

The red hen said, "Yes. I have a banana.
빨간 암탉 인형이 말했어요. "응, 나 바나나 한 개 있어.
Do you want some?"
먹을래?"

The big pig said, "Yes, please."
큰 돼지 인형이 말했어요. "응, 줘."
The fat bat said, "I have jam under the bed."
뚱뚱한 박쥐 인형이 말했어요. "난 침대 밑에 잼을 가지고 있어."

 jam(잼)의 a, kid(아이), zip(쉿)의 i, hen(암탉)의 e도 단모음과 연결해서 지도해 주세요.

18

Suddenly, the kid wakes up.
갑자기, 아이가 잠에서 깨어나요.

The big pig said, "Everybody! Zip!"
큰 돼지 인형이 말했어요. "모두! 쉿!"

The kid falls asleep again.
아이는 다시 잠이 들어요.

Let's Practice

77~80p

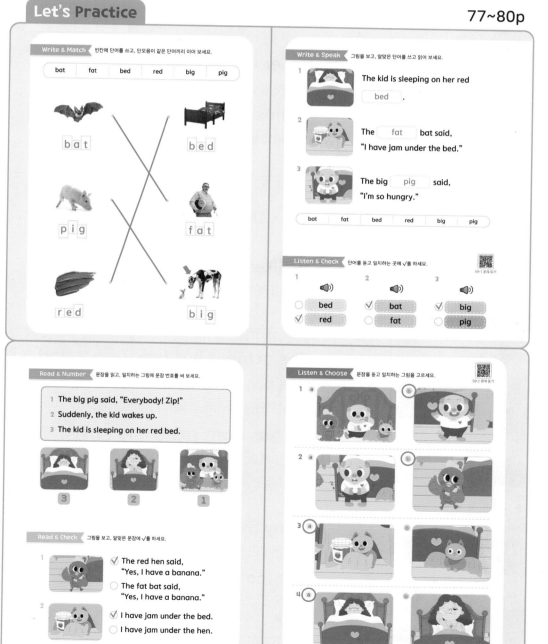

Write & Match 빈칸에 단어를 쓰고, 단모음이 같은 단어끼리 이어 보세요.

bat fat bed red big pig

b a t
b e d
p i g
f a t
r e d
b i g

Write & Speak 그림을 보고, 알맞은 단어를 쓰고 읽어 보세요.

1 The kid is sleeping on her red bed .

2 The fat bat said, "I have jam under the bed."

3 The big pig said, "I'm so hungry."

bat fat bed red big pig

Listen & Check 단어를 듣고 일치하는 곳에 ✓를 하세요.

1 ○ bed ✓ red
2 ✓ bat ○ fat
3 ✓ big ○ pig

Read & Number 문장을 읽고, 일치하는 그림에 문장 번호를 써 보세요.

1 The big pig said, "Everybody! Zip!"
2 Suddenly, the kid wakes up.
3 The kid is sleeping on her red bed.

3 2 1

Read & Check 그림을 보고, 알맞은 문장에 ✓를 하세요.

1 ✓ The red hen said, "Yes, I have a banana."
○ The fat bat said, "Yes, I have a banana."

2 ✓ I have jam under the bed.
○ I have jam under the hen.

Listen & Choose 문장을 듣고 일치하는 그림을 고르세요.

1 a / ⓑ
2 ⓐ / b
3 ⓐ / b
4 ⓐ / b

어려웠던 영역은 꼭 다시 한번 반복하세요!

바닷속에 살고 있는 요리사 문어는 잠수함에서 즐겁게 일하고 있어요. 요리를 사랑하고 맛있는 음식을 만드는 게 즐거운 문어는 손님들에게 즐거운 시간을 선물할 수 있을까요?

82~84p

Let's Read

Under the sea, there is an octopus.
바닷속에, 문어 한 마리가 있어요.

He has a job. He is a cook.
그는 직업을 가지고 있어요. 그는 요리사예요.

The octopus works on the submarine.
문어는 잠수함에서 일해요.

He likes his job.
그는 그의 직업을 좋아해요.

The octopus has fancy pots and cups.
문어는 멋진 냄비와 컵을 가지고 있어요.

He has eight pots and cups.
그는 8개의 냄비와 8개의 컵을 가지고 있어요.

Many fish have a fun time there.
많은 물고기들은 거기서 즐거운 시간을 보내요.

The food is yummy, too.
음식도 맛있어요.

there is(~가 있다), he is(그는 ~이다), he has(그는 ~가지고 있다)
같이 자주 쓰이는 표현은 묶어서 지도해 주세요.

Ouch! This pot is too hot!
아야! 이 냄비는 너무 뜨거워요!

Hot, hot, hot!
뜨거, 뜨거, 뜨거워!

Look at the fire!
불 좀 봐!

Run, run, run!
달려, 달려, 달려!

Let's Practice

85~88p

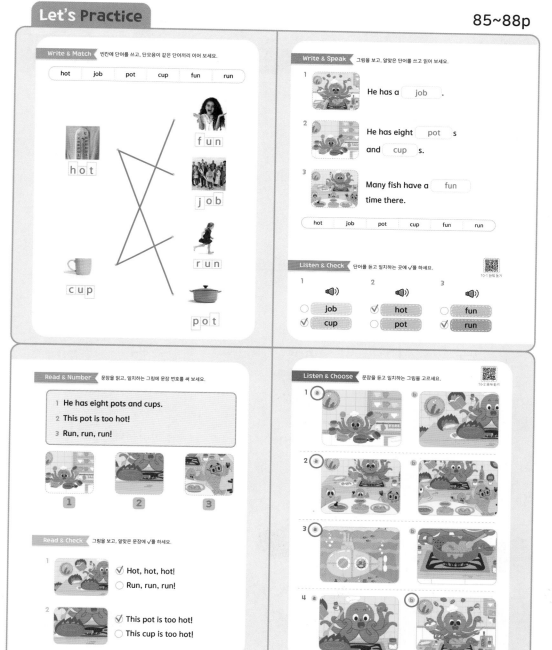

어려웠던 영역은 꼭 다시 한번 반복하세요!

Word Check

동화로 익힌 영단어(파닉스 단어와 사이트 워드)를 모았습니다.
❶ 아이가 스스로 영단어를 읽을 수 있는지 체크하세요.
❷ 선생님이나 학부모님이 영단어를 불러 주면, 아이가 단어 뜻을 말해 아는지 체크하세요.

Unit 01 Alligator, Bear, and Cat

Phonics Words

- ☑ alligator   악어
- ☐ apple   사과
- ☐ banana   바나나
- ☐ bear   곰
- ☐ candy   사탕
- ☐ cat   고양이

Sight Words 보자마자 한눈에 바로 인식하고 읽을 줄 알아야 하는 단어

- ☐ a   하나의
- ☐ an   하나의
- ☐ the   그
- ☐ in   ~안에
- ☐ on   ~위에
- ☐ under   ~아래에

Unit 02 I Want to Be a Friend

Phonics Words

- ☐ doll   인형
- ☐ duck   오리
- ☐ elephant   코끼리
- ☐ elf   요정
- ☐ fan   선풍기
- ☐ frog   개구리

Sight Words

- ☐ is   ~있다, ~이다
- ☐ not   아니다(부정)
- ☐ can   할 수 있다
- ☐ it   그것
- ☐ and   그리고
- ☐ are   ~있다, ~이다

Unit 03 Oops! Mr. Gorilla

Phonics Words

- ☐ gorilla   고릴라
- ☐ grape   포도
- ☐ ham   햄
- ☐ hungry   배고픈
- ☐ iguana   이구아나
- ☐ interview   인터뷰

Sight Words

- ☐ Mr.   ~씨
- ☐ has   가지다
- ☐ like   좋아하다
- ☐ now   지금
- ☐ he   그
- ☐ then   그 다음에

Unit 04 The King Likes Sweets

Phonics Words

- [ ] jam — 잼
- [ ] juice — 주스
- [ ] king — 왕
- [ ] kiwi — 키위
- [ ] lemon — 레몬
- [ ] lollipop — 막대사탕

Sight Words

- [ ] live — 살다
- [ ] take — 가져가다
- [ ] away — ~로
- [ ] too — 또한
- [ ] next — 다음
- [ ] see — 보다

Unit 05 Mike's Special Night

Phonics Words

- [ ] mom — 엄마
- [ ] moon — 달
- [ ] nest — 둥지
- [ ] night — 밤
- [ ] old — 오래된
- [ ] orange — 오렌지

Sight Words

- [ ] at — ~에
- [ ] can't — 할 수 없다
- [ ] put — 넣다
- [ ] into — ~안으로
- [ ] out — ~밖으로
- [ ] you — 너, 당신

Unit 06 Penguins Save the Earth

Phonics Words

- [ ] penguin — 펭귄
- [ ] princess — 공주
- [ ] queen — 여왕
- [ ] quit — 그만두다
- [ ] rain — 비(가 오다)
- [ ] recycle — 재활용하다

Sight Words

- [ ] said — 말했다
- [ ] our — 우리
- [ ] no — 아니
- [ ] should — 해야 한다
- [ ] few — 약간
- [ ] later — 나중에

Unit 07 My Strong Taxi

Phonics Words

- [ ] snake — 뱀
- [ ] strong — 튼튼한
- [ ] table — 테이블
- [ ] taxi — 택시
- [ ] umbrella — 우산
- [ ] uncle — 삼촌
- [ ] violet — 보라(색)
- [ ] violin — 바이올린

Sight Words

- [ ] anything — 아무것
- [ ] his — 그의
- [ ] move — 옮기다
- [ ] my — 나의
- [ ] sure — 당연한
- [ ] your — 너의

Unit 08 Mrs. Zebra's Day

Phonics Words

- [ ] walnut — 호두
- [ ] watch — 시계
- [ ] fix — 고치다
- [ ] box — 상자
- [ ] yak — 야크
- [ ] yellow — 노란(색)
- [ ] zebra — 얼룩말
- [ ] zoo — 동물원

Sight Words

- [ ] Mrs. — 아줌마, 부인
- [ ] morning — 아침
- [ ] noon — 정오
- [ ] evening — 저녁
- [ ] night — 밤
- [ ] back — 다시

Unit 09 Zzzzzzzzzzzip!

Phonics Words

- [ ] bat — 박쥐
- [ ] fat — 뚱뚱한
- [ ] bed — 침대
- [ ] red — 빨간(색)
- [ ] big — (크기가) 큰
- [ ] pig — 돼지

Sight Words

- [ ] her — 그녀의, 그녀
- [ ] something — 어떤 것
- [ ] yes — 예, 네
- [ ] have — 가지다
- [ ] up — 위로
- [ ] again — 다시

Unit 10 Run, Run, Run!

Phonics Words

- [ ] hot — 뜨거운
- [ ] job — 직업
- [ ] pot — 냄비
- [ ] cup — 컵
- [ ] fun — 재미있는
- [ ] run — 달리다

Sight Words

- [ ] there — 거기
- [ ] work — 일하다
- [ ] many — 많은
- [ ] ouch — 아야
- [ ] this — 이것
- [ ] look — 보다

바빠 초등 필수 영단어

원어민 MP3 제공 | 바빠 초등 필수 영단어 | 15,000원

★ ★ ★ ★ ★

3~6학년 필수 영단어를 한 권에!

초등 학년별 어휘 800개 한 권으로 총정리!

영단어 노트로 복습까지 완벽하게!

특별 부록 **영단어 쓰기 노트**

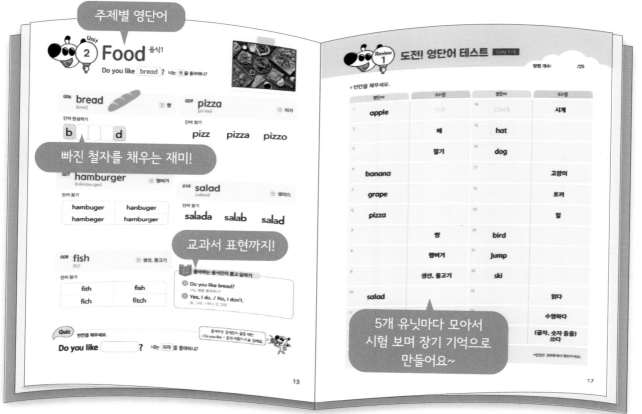

교과서와 일상생활을 반영한 주제별로 모아 더 잘 외워져요!

바빠 초등 파닉스 리딩
First Reading! 파닉스 동화 10편으로 재미있게 시작!

 +

책속책 정답 및 해석

알찬 교육 정보도 만나고 출판사 이벤트에도 참여하세요!

1. 바빠 공부단 카페 cafe.naver.com/easyispub

바빠 공부단 카페에서 함께 공부해요! 수학, 영어, 국어 담당 바빠쌤의 격려와 칭찬도 받을 수 있어요.

2. 인스타그램 + 카카오 채널

@easys_edu   🔍 이지스에듀 검색!

바빠 시리즈 출간 소식과 출판사 이벤트, 교육 정보를 제일 먼저 알려 드려요!